Anne-Katrin Hagen

Pferde richtig ausbilden

Die Ausbildungsskala

CADMOS
PFERDEBÜCHER

Inhalt

Impressum

Copyright © 2002 by
Cadmos Verlag GmbH, Lüneburg
Gestaltung: Ravenstein + Partner, Verden
Titelfotos und Fotos: Christina Krumm
Zeichnungen: Christina Krumm
Druck: Westermann Druck, Zwickau

Alle Rechte vorbehalten.
Abdrucke oder Speicherung in
elektronischen Medien nur nach vorheriger
schriftlicher Genehmigung durch den Verlag.

Printed in Germany.

ISBN 3-86127-265-2

Einführung

Ein Pferd selber auszubilden ist eine faszinierende Aufgabe. Es sollte sich allerdings nur ein Reiter daran wagen, der einen unabhängigen, geschmeidigen Sitz hat und über eine gute Portion Mut verfügt. Junge Pferde haben manchmal eine überschäumende Lebensfreude!

Der Reiter sollte möglichst viel Erfahrung auf vielen unterschiedlichen Pferden gesammelt haben. Ein Reiter, der es sich zutraut, ein junges Pferd auszubilden, sollte selbst eine solide Ausbildung gehabt haben.

Man muss sich immer vor Augen halten, dass das Pferd eines der edelsten Tiere der Schöpfung ist. Es ist ein Fluchttier und ein Herdentier. Der

Die Leitstute darf als erstes Tier an die Tränke und kommt als Erste an das Gatter, wenn es heim in den Stall geht. Wenn das Leittier kommt, machen alle anderen Platz.

trauen aufbauen. Man hüte sich vor Vermenschlichung! Bei aller Liebe zum Pferd und bei aller Begeisterung für seine Schönheit: das Pferd ist ein Pferd, es denkt, fühlt und handelt wie ein Pferd. Der Mensch, der mit ihm umgeht, muss sich darauf einstellen!

Grundsätzlich gilt: der erfahrene Reiter kommt auf ein unerfahrenes Pferd und der unerfahrene Reiter auf ein gut ausgebildetes Pferd!

Fluchtinstinkt ist auch bei unseren Hauspferden noch vorhanden, wenn auch bei den einzelnen Pferden unterschiedlich stark. Mit Strafen kann man diesen Instinkt nicht unterdrücken. Da hilft nur, ein möglichst großes Vertrauen aufzubauen! In einer Pferdeherde (auch auf unseren Koppeln) herrscht eine strenge Rangordnung. Das Leittier (meist eine Stute) wird von allen anderen respektiert. Für den Reiter, der sich an die Aufgabe wagt, ein junges Pferd auszubilden, bedeutet das, dass er die Rolle des Leittieres übernehmen muss! Der Reiter muss sich also von Anfang an Respekt verschaffen und Ver-

Das Ziel der Ausbildung

Am Ende einer systematischen Ausbildung (sie nimmt mindestens zwei Jahre in Anspruch) sollte das Pferd schöner geworden sein: Es hat Muskeln an den richtigen Stellen aufgebaut, seine Bewegungen sind locker und elastisch und sein Ausdruck und seine Ausstrahlung sind stärker geworden. Das Pferd reagiert auf fein abgestimmte, kaum sichtbare Hilfen und Anweisungen. Es lässt sich problemlos stellen und biegen und schwingt losgelassen und taktrein im vom Reiter vorgegebenen Rahmen vorwärts. Die Hinterhand nimmt mehr Last auf, sodass die Vorhand freier und erhabener in der Bewegung wird. Ohne große Mühe geht es durchs Wasser

und überwindet kleine Hindernisse. Vertrauensvoll – denn das Pferd ist ja sicher, dass es von seinem Reiter niemals überfordert wird! – bewegt sich das Pferd im Gelände, in der Reitbahn und auf der Straße. Kurz: es ist „angenehm zu reiten" (F. R. de la Guérinière, 1688-1751).

Der Weg zu diesem Ziel ist lang und fordert vom Reiter viel Disziplin, Ausdauer und noch mehr Geduld! Nur ein sinnvolles Konzept in kleinen Schritten, die aufeinander aufbauen, kann der Weg sein! Jede Abkürzung dieses Weges („Tipps und Tricks ..." oder „Der Guru rät ...") führt unweigerlich in die Irre. Es dauert viel länger, Ausbildungslücken oder gar -schäden wieder auszubügeln. Oft lassen sich die Folgen solcher Sünden gar nicht mehr beheben, und das Pferd ist in seiner Psyche oder physisch für sein ganzes, dann häufig nur sehr kurzes Leben geschädigt.

Gegenüberstellung von FN-Ausbildungsskala und v. Ziegner-Trainingsbaum

Anfang der fünfziger Jahre wurden bei der Reiterlichen Vereinigung in Warendorf die „Richtlinien für Reiten und Fahren" entwickelt. In diesen Richtlinien wurde zum ersten Mal die „Skala der Ausbildung" veröffentlicht. Sie basiert auf Gustav Steinbrechts (1808-1886) „Gymnasium des Pferdes" mit dem Leitsatz: „Reite dein Pferd vorwärts und richte es gerade!" Das Buch erschien posthum 1886. Aus dieser Lehre entwickelte Hans v. Heydebrecht (1866-1935) zusammen mit einer Kommission die Heeresdienstvorschrift. Diese Ausbildungsskala ist bis heute unverändertes Lehrgut in allen offiziellen Lehrbüchern der FN (Reiterliche Vereinigung).

Inzwischen ist aber ein halbes Jahrhundert ins Land gegangen. Die Erfahrung bei der Arbeit mit jungen Pferden und die veränderten Anforderungen im heutigen Reitsport haben es notwendig gemacht, die Ausbildungsskala neu zu überdenken und zu erweitern. Kurd Albrecht v. Ziegner, Jahrgang 1918, Kavallerieoffizier und hoch dekorierter Spring- und Dressurreiter, war an der Erarbeitung der Ausbildungsskala beteiligt. Sein Leben lang hat er sich mit der Ausbildung junger Pferde bis zur höchsten Klasse beschäftigt und sich über den sinnvollsten, weil schonendsten Weg dorthin Gedanken gemacht. Er hat die FN-Ausbildungsskala um vier Punkte erweitert und die Reihenfolge der einzelnen Schritte etwas verändert. So ist ein schlüssiges Konzept der „kleinen Schritte", von Ziegner nennt sie „Elemente", entstanden, das ein sicheres Aufbauen vom Leichten zum Schweren ermöglicht. Ein Element baut jeweils auf dem anderen auf. Er nennt seine Skala der Ausbildung den „Trainingsbaum".

Beide Ausbildungskonzepte unterteilen sich in drei große Blöcke. Der erste Block ist die **Gewöhnungsphase**, in welcher das Pferd erzogen wird (Anbinden, Hufe aufheben, sich an Decken, Trense und Sattel gewöhnen). Es lernt, an der Longe gearbeitet zu werden. Das Anreiten ist eine sehr einschneidende Erfahrung für das junge Pferd! Wer hier nicht mit viel Geduld, Einfühlungsvermögen und Sachkenntnis vorgeht, macht in diesem Stadium schon schwere Fehler. Das gilt auch für das Longieren. Viele Schäden des Bewegungsapparates entstehen durch unsachgemäßes Longieren. Unter dem Reiter lernt das Pferd, sich allmählich loszulassen *(Losgelassenheit)* und taktrein *(Takt)* mit

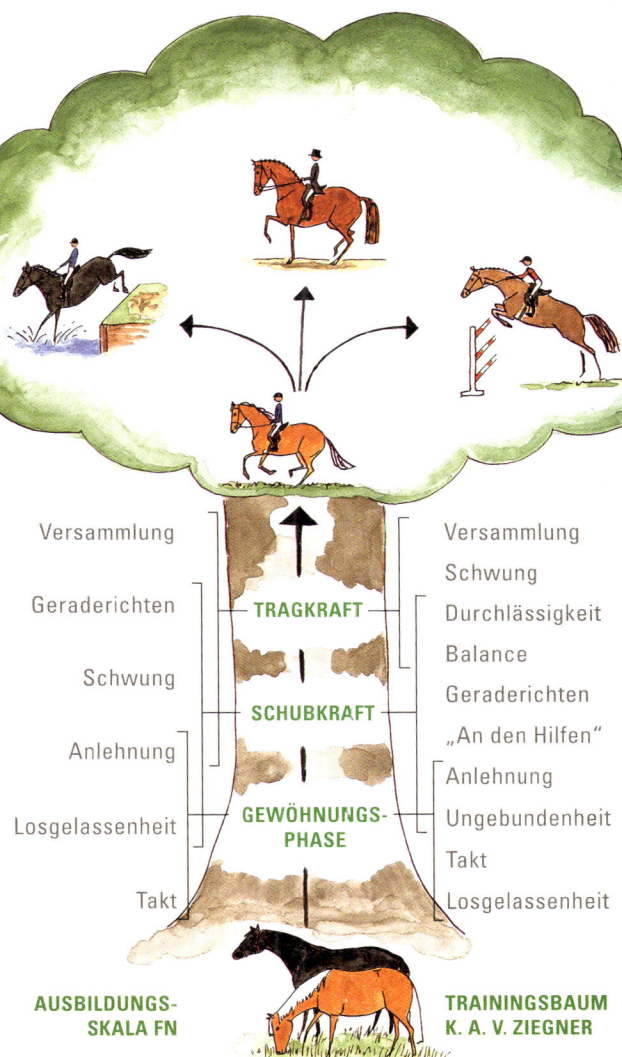

AUSBILDUNGS-SKALA FN	TRAININGSBAUM K. A. V. ZIEGNER
Versammlung	Versammlung
	Schwung
Geraderichten	Durchlässigkeit
	Balance
Schwung	Geraderichten
	„An den Hilfen"
Anlehnung	Anlehnung
	Ungebundenheit
Losgelassenheit	Takt
Takt	Losgelassenheit

raumgreifenden Gängen *(Ungebundenheit)* in feiner Verbindung zur Reiterhand *(Anlehnung)* zu bewegen.

Der zweite Block ist die **Entwicklung der Schubkraft**. Er ist mit dem ersten Block verzahnt. Damit das Pferd Schubkraft aus der Hinterhand entwickeln kann, muss es eine sichere Anlehnung an die Reiterhand gefunden haben und es muss sicher *an den Hilfen* stehen. Dann kann es mehr und mehr *gerade*

gerichtet werden und findet dadurch eine bessere Balance, das heißt, es lernt, sich spurtreu in Wendungen und Volten zu bewegen.

Der dritte Block gilt der **Entwicklung der Tragkraft**. Alle Punkte der vorangegangenen Blöcke müssen gefestigt werden: nachdem das Pferd eine seitliche *Balance* gefunden hat (es lässt sich problemlos stellen und biegen), kommt nun eine Balance von hinten nach vorn hinzu. Das Pferd lernt, die Hinterhand mehr unter den Schwerpunkt zu stellen, und nimmt damit mehr Last auf. Das ist aber nur möglich, wenn das Pferd *durchlässig* ist. Es lässt gute Übergänge zu und ist „bequem zu reiten". Aus den Übergängen, auch innerhalb einer Gangart, entfaltet sich der *Schwung*. Indem der Schwung nach vorn bei einem durchlässigen Pferd vorn abgefangen wird und das Pferd vermehrt die Hinterhand untersetzt, entsteht allmählich die *Versammlung* mit der „relativen Aufrichtung". Die Hinterbeine treten mehr unter den Schwerpunkt, die Kruppe senkt sich und die Vorhand richtet sich auf. Die Gänge werden erhabener.

Im Prinzip gleichen sich beide Ausbildungsskalen. Der größte Unterschied liegt darin, dass der Schwung im Trainingsbaum viel weiter am Ende der Skala liegt.

Da aber alle Punkte ineinander übergreifen, lässt es sich sehr gut begründen, warum das so sein muss.

Bei der FN-Skala bilden alle einzelnen Punkte zusammengenommen die „Durchlässigkeit". Das ist auf den ersten Blick logisch. Aber ohne Durchlässigkeit als ganz wichtigen einzelnen Punkt, an dem ständig gearbeitet werden muss, kann keine Schwungentfaltung und damit keine Versammlung erarbeitet werden!

Nur ein entspanntes Pferd ist in der Lage, etwas Neues zu lernen!

Losgelassenheit

Die Losgelassenheit des jungen Pferdes muss an erster Stelle stehen, denn sie ist die Grundlage jeder weiteren Ausbildung! Losgelassenheit bedeutet auch Ruhe, Vertrauen und Zufriedenheit.

Ein losgelassenes Pferd geht mit schwingendem, aufgewölbtem Rücken. Der Hals hat genügend Raum für eine Dehnungshaltung, der Gesichtsausdruck ist zufrieden und zwischen den Lippen zeigt sich ein Schaumkranz. Der Bewegungsablauf ist gleichmäßig und taktrein. Wenn das Pferd dann auch noch abschnaubt, kann der Reiter zufrieden sein: das Pferd fühlt sich wohl!

Warum Losgelassenheit bis in die höchste Ausbildungsstufe so grundlegend wichtig ist, wird man verstehen, wenn man sich das Skelett eines Pferdes und die großen Muskelpartien einmal anschaut: da gibt es zwei wesentliche Muskelgruppen.

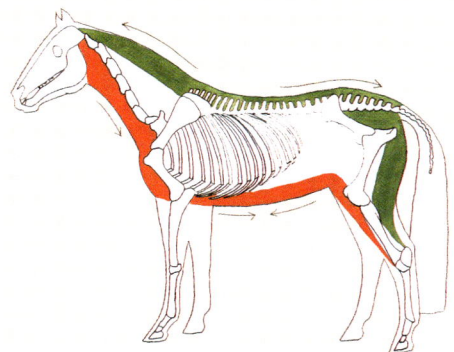

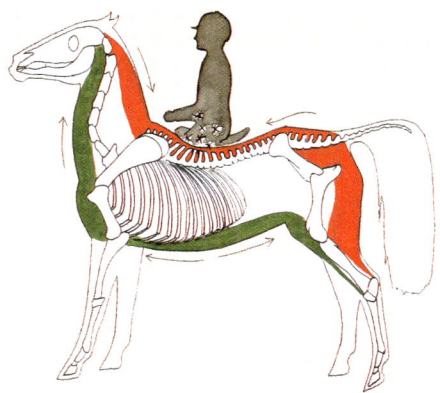

Die obere Muskelgruppe beginnt im Genick, setzt sich über das große Nackenband fort, führt über den Rücken, verbreitert sich über der Kruppe und zieht sich hinab bis zu den Sprunggelenken.

Das große Nackenband ist besonders wichtig (man beachte die dünne Kette der Halswirbel in dem mächtigen Pferdehals!), weil es die Wirbelsäule im Rückenbereich nach oben zieht, also die Dornfortsätze auseinander zieht, wenn sich der Hals nach vorwärts-abwärts dehnt.

Die untere Muskelgruppe fängt im Bereich der Kehle an, läuft die untere Halsseite entlang und zieht sich von der Brust die gesamte Bauchdecke entlang über Knie und Unterschenkel bis zum Sprunggelenk.

Das junge Pferd spannt die obere Muskelgruppe an, sobald ein Reiter seinen Rücken belastet. Da die Rückenmuskeln sowohl mit den Hals- als auch mit den Kruppenmuskeln verbunden sind, wird der Hals nach oben gezogen und die Hinterhand herausgestellt. Die Bauchmuskulatur dagegen ist entspannt. Folglich hängt der Rücken durch. Die Dornfortsätze der Wirbelsäule kommen einander gefährlich nahe! Wird dieser Zustand nicht durch eine geeignete Gymnastizierung behoben, kann es zum äußerst schmerzhaften „Kissing-Spines-Syndrom" kommen.

Jeder Muskel kann sich nur zusammenziehen. Um sich wieder zu entspannen, braucht er einen Gegenmuskel. Beim Zusammenziehen verbraucht der Muskel Energie, also Sauerstoff, und beim Entspannen erholt er sich, weil er jetzt durchblutet wird und damit neuen Sauerstoff erhält.

Wenn ein Muskel über längere Zeit zusammengezogen bleibt, gibt es keine Erholungsphase und keinen neuen Sauerstoff. Die Folge ist Verspannung, die sich bis zu schmerzhaften Muskelkrämpfen steigern kann.

Es geht also darum, eine Anspannung der unteren Muskelgruppen zu aktivieren, um eine Entspannung des oberen Muskelbandes zu erreichen (die Dehnungshaltung des Halses hilft dabei) und dem Pferd eine gesunde Entwicklung, längere Belastbarkeit und mehr Leistung zu ermöglichen.

Auf welche Weise wird Losgelassenheit erreicht?

Das junge Pferd hat an der Longe bereits gelernt, losgelassen in allen drei Grundgangarten zu gehen. Der Reiter auf seinem Rücken verändert schlagartig alles. Das Gewicht auf

Da muss man sattelfest sein! Ein junges Pferd lernt schnell.

junge Pferde versuchen, sich durch Bocken zu befreien. Jetzt wird vom Reiter sehr viel Körperbeherrschung und Einfühlungsvermögen verlangt. Das ist keine Aufgabe für unfertige oder ängstliche Leute! In den ersten Monaten der Grundausbildung ist es eine große Herausforderung für einen Ausbilder, die Losgelassenheit des Pferdes unter der ungewohnten Last des Reiters wieder herzustellen und seine natürlichen Gänge zu festigen. Diese Phase der Ausbildung braucht Zeit, sie kann nicht verkürzt werden! Die hierfür benötigte Zeitspanne hängt vom Körperbau und von der nervlichen Verfassung des Pferdes sowie vom Können des Reiters ab. Wenn jetzt zu schnell vorgegangen wird, gibt es Schäden für das ganze Pferdeleben!

Beim Entlastungssitz müssen die Bügel zwei bis drei Loch kürzer geschnallt werden.

dem Rücken, der Mensch plötzlich über seinem Kopf, die ungewohnten Schenkel an seinen Rippen: das arme Tier ist völlig verkrampft. Viele

Am besten fängt man mit Stangentreten an. Das junge Pferd lernt hinzuschauen und den Rhythmus zu finden.

Beim Bergaufreiten muss die Pferdenase nach vorn gehen dürfen. Die Hinterhand schiebt – das Pferd macht sich lang.

Eine Steigerung ist dann die Arbeit über Cavaletti. Beide Übungen stärken den Pferderücken.

Beim Bergabreiten treten die Hinterfüße mehr unter den Schwerpunkt und die Nase nähert sich der Senkrechten – das Pferd schiebt sich von selbst zusammen.

Takt

Zu Beginn wird im Entlastungssitz geritten, um das Reitergewicht mehr mit den Oberschenkeln abzufangen. Am sinnvollsten ist es, am Anfang auf großen gebogenen Linien (Zirkel und ganze Bahn mit stark abgerundeten Ecken) zu reiten. Das kennt das junge Pferd bereits von der Longenarbeit. Außerdem könnte es auf einer langen Geraden zu leicht davonstürmen.

Ist das Pferd in der Lage, seinen Hals und Rücken locker schwingen zu lassen, ruhig und vertrauensvoll taktrein in seinen natürlichen Gängen vorwärts zu gehen, wird es allmählich an das Gebiss herantreten, also eine Verbindung zur Reiterhand aufnehmen. Jetzt wäre der Zeitpunkt, an dem versucht werden kann, für kurze Zeit im Trab auszusitzen. Geht man vom Leichttraben zum Aussitzen über, so müssen die Knie fest an den Sattel geschlossen werden, um das Reitergewicht abzufangen. Hier ist Feingefühl gefragt: Nimmt das Pferd das volle Gewicht mit, ohne den Takt zu verlieren und den Rücken anzuspannen? Wenn das nicht der Fall ist, muss man wieder leichttraben und es erneut versuchen. Zur Belohnung sollte man immer wieder die Zügel aus der Hand kauen lassen, damit der Rücken sich entspannen kann. Das gilt die ganze Ausbildung hindurch! Wenn jetzt eine gewisse Fertigkeit erlangt ist, kann mit Stangentreten und Cavaletti-Arbeit in allen Gangarten begonnen werden. Auch im Gelände bergauf und bergab zu reiten (in der Gruppe) ist Abwechslung in der täglichen Arbeit und ein hervorragendes Mittel zum Aufbau der Muskulatur, die das Pferd in Zukunft benötigt. Es fördert außerdem die Elastizität und Trittsicherheit und das Vertrauen zum Reiter.

Losgelassenheit und Takt lassen sich nicht trennen. Ist das Pferd nicht losgelassen, kann es nicht taktrein gehen! Jedes Pferd hat seinen eigenen natürlichen Takt, wenn es losgelassen geht. Dieser Takt hängt unter anderem vom Gebäude des Pferdes ab. In diesem individuellen Takt sollte man das Pferd arbeiten. Den Begriff Takt verwendet man auch bei der Unterscheidung der Gangarten: der Schritt hat einen Vier-Takt, der Trab einen Zwei-Takt und der Galopp einen Drei-Takt. Die Engländer nennen dies den Rhythmus der Gangarten. Das ist eigentlich passender, denn es kann geschehen, dass bei gleich bleibendem Takt innerhalb einer Gangart der Rhythmus nicht stimmt: der Schrittrhythmus nähert sich dem Zwei-Takt und der Drei-Takt des Galopps wird zum Vier-Takt. Das ist dann „ganz taktmäßig" grob fehlerhaft! Der Reiter muss immer bemüht sein, einen reinen Rhythmus und einen klaren Takt zu reiten! Das hängt sehr von Sitz und Einwirkung des Reiters ab. Wer keinen ausbalancierten, elastischen Sitz hat, kann sich nicht in den Bewegungsablauf seines Pferdes hineinfühlen.

Die Gangarten und ihre Tempo-Unterschiede

Es gibt drei Grundgangarten: Schritt, Trab und Galopp. In jeder Gangart werden Tempounterschiede geritten. Außer dem normalen Arbeitstempo, also dem Tempo, in dem ein junges Pferd am leichtesten sein Gleichgewicht findet, gibt es das versammelte Tempo und zwei verstärkte Tempi, nämlich Mittel- und starkes Tempo. Lediglich im Schritt kennt man nur den versammelten, den Mittel- und den starken Schritt.

Diese Phasen kann man im Schritt gut fühlen und mitzählen.

Schritt

Der Schritt ist ein Viertakt. Man sagt Schritte. Das Pferd setzt die Beine nacheinander auf: hinten rechts, vorne rechts, hinten links, vorne links. Es gibt keine Schwebephase! Daher ist der Schritt eine schwunglose Gangart. Er soll fleißig und schreitend, aber nicht übereilt sein. Das Pferd soll ruhig und gelassen bei gleichmäßiger Anlehnung ganz geradeaus schreiten. Dabei könnte man den Viertakt deutlich mitzählen: 1 - 2 - 3 - 4, und so fort. Geht der gleichmäßige Viertakt verloren (1 - 2, 3 - 4), wird der Schritt fehlerhaft. Kann man nur noch zwei Schläge unterscheiden, geht das Pferd im Pass: das ist ein grober Fehler. Für das junge Pferd ist nur der Mittelschritt angebracht. Der versammelte Schritt, bei dem die Hinterhand vermehrt nach vorne tritt und das Pferd sich mehr aufrichtet, sowie der starke Schritt, in dem das Pferd weiter ausgreift (die Schritte also länger werden) werden erst in den höheren Dressurklassen

gefordert. Um den Mittelschritt taktrein zu halten, ist es unbedingt wichtig, dass das Pferd im Rücken und Genick locker bleibt! Das Pferd darf sich ein wenig vorwärts-abwärts dehnen. Die Reiterhand folgt weich der natürlichen Nickbewegung des Pferdekopfes. Man erreicht das am ehesten, indem man auf gebogenen Linien reitet, also auf dem Zirkel oder großen Volten. Niemals zu lange im Schritt reiten! Lieber häufiger nach einer Trab- oder Galopptour eine Schrittphase einlegen. Der Schritt ist diejenige Gangart, die man am leichtesten „kaputtreiten" kann, also Vorsicht! Aber am langen oder hingegebenen Zügel können sich Pferd und Reiter immer wieder erholen.

Trab

Der Trab ist ein Zweitakt. Man spricht von Tritten. Das Pferd setzt das diagonale Beinpaar (hinten rechts - vorn links und umgekehrt) nach-

Im Trab ist das Mitzählen ganz leicht.

einander auf. Dazwischen liegt eine Schwebephase. Es ist eine schwungvolle Gangart. Man unterscheidet versammelten Trab, Arbeitstrab, Mittel- und starken Trab. Für die ersten Dressurübungen kommt in erster Linie der Arbeitstrab in Frage und das „Tritte verlängern", welches eine Vorstufe zum Mitteltrab ist. Der Arbeitstrab sollte in einem frischen Tempo geritten werden. Das Pferd soll dabei gleichmäßig und taktmäßig vorwärts schwingen und eine stetige, weiche Anlehnung an die Reiterhand halten. Das Tempo muss so gewählt werden, dass Handwechsel und gebogene Linien ohne Taktverlust geritten werden können. Bei jungen Pferden sollte noch sehr viel im leichten Trab geritten werden, weil so der Rücken des Pferdes mehr geschont wird. Das Wichtigste ist immer, dass Pferd und Reiter locker bleiben und das Pferd schwungvoll weitergeht. Erst wenn das sicher erreicht ist, kann man versuchen, an den langen Seiten die Tritte zu verlängern. Dazu reitet man in einem etwas verkürzten Arbeitstempo sorgfältig in die Ecke hinein, richtet sein Pferd aus der Ecke heraus gerade, legt beide Unterschenkel fester an den Gurt (beidseitige, gleichzeitige vorwärtstreibende Schenkel- und Gewichtshilfe), geht etwas mit der Hand vor und lässt sein Pferd energisch mit längeren Tritten vorwärts schwingen. Dabei darf das Pferd nicht ins Laufen kommen (man merkt das daran, dass der Taktschlag schneller wird). Bitte nicht die Geduld verlieren! Tritte verlängern und Mitteltrab fällt am Anfang auch denjenigen Pferden schwer, die von Natur aus über gute Trabanlagen verfügen. Junge Pferde müssen erst lernen sich auszubalancieren. Die Rückenbewegung im Mitteltrab ist eine heftige vorwärtsströmende Wellenbewegung, die vom

Der Reiter darf sich jetzt nicht im Rücken- und Beckenbereich verkrampfen, er würde das Pferd stören.

Reiter unterstützt werden muss. Am besten reitet man im leichten Trab. Für junge Pferde ist das schonender.

Galopp

Der Galopp ist ein Dreitakt. Man zählt Sprünge. Es werden Links- und Rechtsgalopp unterschieden. Im Rechtsgalopp fußt das Pferd hinten links auf, dann folgt das diagonale Beinpaar hinten rechts und vorne links und darauf das rechte Vorderbein. Darauf folgt eine Schwebephase. Es ist also eine schwungvolle Gangart. Auch im Galopp gibt es den versammelten Galopp, das Arbeitstempo, den Mittel- und den starken Galopp. Fürs Erste ist nur der Arbeitsgalopp interessant. Alles andere kommt später.

Hat das junge Pferd gelernt, den Hilfen zum Angaloppieren (zu Anfang aus dem Trab) willig zu folgen, kommt es darauf an, den Galopp bei gleich bleibender, weicher Anlehnung an die Reiterhand schwungvoll und jederzeit regulierbar in klarem Dreitakt zu reiten. Da die Galoppbewegung viel besser zu sitzen ist als die Bewegung im Trab, gibt es hier weniger Schwie-

Man kann deutlich mitzählen, ob der Galopp taktrein durchgesprungen ist: 1 - 2 - 3, 1 - 2 - 3. Wird daraus ein eins, zwei-hei, drei, ist der Takt verloren gegangen. Das diagonale Beinpaar fußt nicht mehr gleichzeitig auf. In diesem Fall muss energisch vorwärts geritten werden.

rigkeiten. Auch dem jungen Pferd fällt das Ausbalancieren leichter. Es ist wie mit dem Fahrradfahren: schnell fahren ist kein Problem, aber langsam fahren ist schwer. Probleme gibt es aber ganz schnell, wenn es in Wendungen und um Ecken geht. Viele junge Pferde springen dann mit den Hinterbeinen um, um die Balance zu halten: sie stützen sich mit dem äußeren Hinterfuß ab. Dann muss der Reiter die Ecken stark abrunden und auf der Zirkellinie den äußeren Zügel sehr gut anstehen lassen. Er muss das Pferd gerade halten wollen. Damit ermöglicht er dem Pferd, das innere Hinterbein weiter vorschwingen zu lassen, sodass es besser die Balance halten kann.

Eine sehr gute Gymnastiübung im Galopp ist das Kantern. Im leichten Sitz (Bügel zwei Loch kürzer!) wird das Pferd im Gelände in einem frischen, jedoch regulierbaren Tempo galoppiert. Dabei sollte das junge Pferd „tief eingestellt" werden, das heißt es soll die Nase tiefer tragen, als es auf dem Reitplatz üblich ist, und den Rücken aufwölben. So kann das junge Pferd

besser unter seinen Schwerpunkt springen und lernt leichter, die Balance zu halten. Im Gelände sollte man aber erst galoppieren, wenn das junge Pferd in der Reitbahn genügend Sicherheit bekommen hat. Ein im Gelände davon stürmendes Pferd ist einfach zu gefährlich! Die ersten Übungen im Kantern sollten niemals ohne ein erfahrenes Führpferd unternommen werden.

Auch ein künftiges Dressurpferd muss mal richtig vorwärtsgaloppieren dürfen!

Ungebundenheit der Gänge

Ungebundenheit der Gänge meint den Raumgriff der Bewegung in den einzelnen Grundgangarten. Die freie Beweglichkeit der Gliedmaßen einschließlich der Schultern und der Hüften des Pferdes, die von der Natur gegeben wurden, darf nicht beeinträchtigt sein. Die Ungebundenheit der Gänge ist das Ergebnis von Losgelassenheit und Takt. Es gibt keine Lektionen und Übungen, um speziell den Raumgriff zu erarbeiten. Nur durch das Einfühlungsvermögen des Reiters ist der natürliche Raumgriff über die Losgelassenheit und den Takt zu erreichen! Es sei denn, das Pferd ist krank und hat Schmerzen. Dann muss ein guter Tierarzt oder ein Physiotherapeut um Rat gefragt werden.

So sieht eine gute Anlehnung aus!

in der Dehnungshaltung. Die Stirn-Nasen-Linie steht leicht vor der Senkrechten. Das Pferd trägt sich selbst (was man durch Überstreichen überprüfen kann) und wird von Kreuz, Schenkeln und Zügel eingerahmt. Es kaut zufrieden (Schaumkranz am geschlossenen Maul).

Wie wird eine richtige Anlehnung erreicht?

Die Anlehnung wird erreicht, indem das Pferd von hinten nach vorn an das Gebiss heran geritten wird. Weil der Reiter das Pferd stetig und

Anlehnung

Normalerweise nimmt das junge Pferd schon nach kurzer Zeit das Gebiss an. Damit ist die erste Verbindung zur Reiterhand hergestellt. Das ist ein kostbares Geschenk! Wer jetzt mit bleierner Faust herumfuhrwerkt oder aus übergroßer Vorsicht die Zügel immer wieder wegwirft, verliert das Vertrauen seines Pferdes. Anlehnung heißt sich anlehnen. Die richtige Anlehnung gibt dem Pferd die Sicherheit, sich im natürlichen Gleichgewicht losgelassen und taktrein unter dem Reitergewicht zu bewegen.

Und so sieht die richtige Anlehnung aus: Das Genick ist der höchste Punkt des Pferdes, außer

Man stelle sich vor, dass man sich an einen Türpfosten anlehnen möchte – und plötzlich gibt er nach oder der ganze Türrahmen fällt einem auf den Kopf. Ganz bestimmt wird man sich nur mit großer Vorsicht oder gar Angst erneut an diesen Pfosten anlehnen. Ganz genauso ergeht es einem Pferd, das vertrauensvoll eine stete und gleichmäßige Anlehnung an das Gebiss und damit zur Reiterhand sucht!

Fehlerhafte Anlehnung:

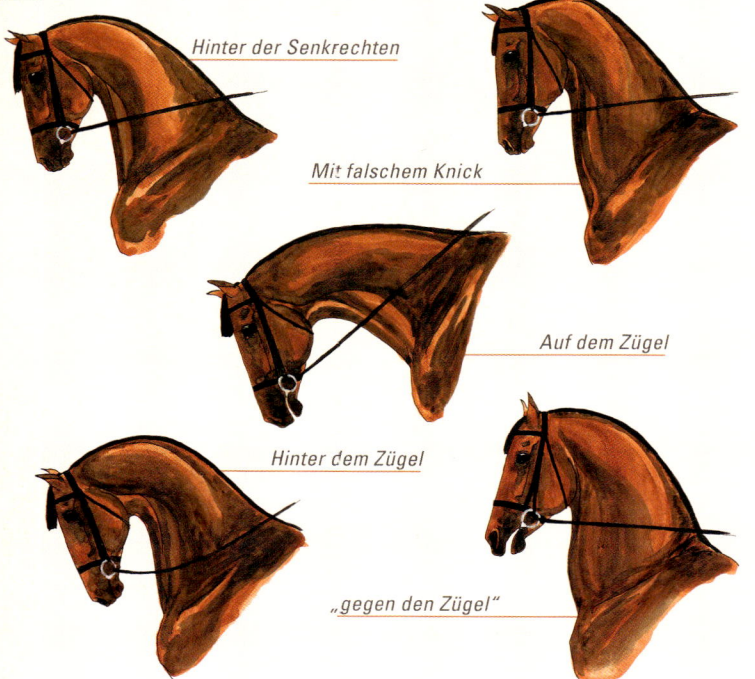

Hinter der Senkrechten

Mit falschem Knick

Auf dem Zügel

Hinter dem Zügel

„gegen den Zügel"

ist immer, dass die Losgelassenheit verloren geht (Spanntritte im Trab, Vierschlag im Galopp zum Beispiel) und Taktunreinheiten entstehen. Um Fehler in der Anlehnung zu beheben, muss also erneut an Losgelassenheit und Takt gearbeitet werden: also wieder longieren, über Stangen treten lassen, in Dehnungshaltung reiten, viele Übergänge mit häufigem Handwechsel und immer wieder die Zügel aus der Hand kauen lassen. Immer sollte bei dieser Arbeit ein frisches Tempo einem verhaltenen vorgezogen werden!

weich auffordert, nach vorne zu gehen, und es losgelassen und taktrein geht, wölbt es den Rücken auf und dehnt sich vertrauensvoll an das Gebiss. Dies ist ein Zeichen dafür, dass das Pferd zur Zusammenarbeit mit dem Reiter bereit ist. Dieser Zustand muss jeden Tag aufs Neue hergestellt werden, das ganze Pferdeleben lang.

■ ■ ■ ■

Niemals darf eine Anlehnung erzwungen werden! Harte, unnachgiebige Fäuste, die rückwärts wirken, ergeben immer eine falsche Anlehnung!

Ist der Reiter nicht in der Lage, die Hände ruhig zu halten, mangelt es ihm am Gefühl und Einfühlungsvermögen oder hat er keinen ausbalancierten, elastischen Sitz, kommt es ebenfalls zu einer fehlerhaften Anlehnung. Das Pferd ist nicht locker im Genick, es verspannt Hals- und Rückenmuskulatur, kurz: es wehrt sich. Die Folge

An den Hilfen

Tritt ein Pferd an das Gebiss heran und bleibt in steter Anlehnung an die Reiterhand, so „steht es am Zügel". Das heißt aber noch nicht, dass es auch „an den Hilfen steht". Die so genannten Hilfen, die dem Reiter zur Verfügung stehen, um sich dem Pferd verständlich zu machen, sind

Das Pferd steht am Zügel.

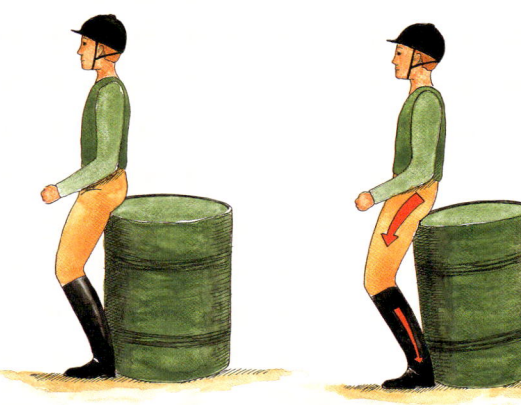

- *Gewichtshilfen*, die beidseitig belastend, einseitig belastend oder entlastend,
- *Schenkelhilfen*, die vorwärts treibend, vorwärts-seitwärts treibend oder verwahrend und
- *Zügelhilfen*, die nachgebend, annehmend, durchhaltend, verwahrend und seitwärts weisend wirken.

Nur durch das fein abgestimmte Zusammenwirken der Hilfen, aus einem korrekten, losgelassenen und ausbalancierten Sitz heraus, ist eine Harmonie zwischen Reiter und Pferd in allen Gangarten und Lektionen möglich.

Grundsätzlich sind die treibenden Hilfen (Gewichts- und Schenkelhilfen) wichtiger als die verhaltenden Hilfen (Zügelhilfen).

Gewichtshilfen

Bei der **beidseitig belastenden Gewichtshilfe** liegen beide Schenkel am Gurt. Beide Gesäßknochen werden nach vorwärts-abwärts in Richtung Knie und Absatz belastet. Der Oberkörper bleibt natürlich aufgerichtet und die Bauchmuskulatur wird angespannt. Man nennt das auch „das Kreuz anspannen" oder besser „das Kreuz anstellen".

Das ist aber keine dauernde Hilfe, sondern ein nur kurzer Moment. Das Kreuzanstellen ist ein Impuls für die Hinterhand des Pferdes, aktiver zu werden. Je nachdem, wie energisch diese Hilfe in Verbindung mit einer nachgebenden Zügelhilfe gegeben wird, setzt sich das Pferd aus dem Halt in den Schritt, vom Schritt in den Trab oder gar vom Halt in den Trab in Bewegung. Die **einseitig belastende Gewichtshilfe** wird angewendet, wenn das Pferd gestellt oder

Am besten kann man herausfinden, was unter „Kreuz anspannen" oder „Kreuz anstellen" zu verstehen ist, wenn man sich auf die Kante einer Tonne oder Kiste setzt, die bis zum halben Oberschenkel reichen sollte. Die Füße werden so weit auseinander gestellt, dass ein Pferdebrustkorb dazwischen passen würde. Die Absätze stehen fest auf der Erde und der Oberkörper ist frei aufgerichtet. Jetzt hat man ungefähr den Dressursitz auf dem Rand der Tonne eingenommen. Wenn jetzt die Tonne zum Kippeln gebracht werden soll, spannt der Schüler ganz unbewusst die richtigen Muskeln an und verlagert sein Gewicht auf richtige Weise in Richtung Knie und Absatz.

Er muss sich nur bewusst machen, was er dort auf welche Weise tut. Dann hat er begriffen, was „Kreuz anstellen" heißt und ist dann auch in der Lage, dasselbe im Sattel zu tun. Er hat gemerkt, dass zum Anstellen des Kreuzes immer die Einwirkung der Schenkel gehört. Sonst kippt die Tonne nicht!

Ist der Schüler dann auch noch in der Lage, das Kreuz verschieden stark anzustellen, hat er den wichtigsten Schlüssel für gefühlvolles, feines Reiten gefunden: Er kann wirksame halbe Paraden geben! Das Pferd wird ganz schnell lernen, darauf zu reagieren.

gebogen werden soll, beim Angaloppieren und als Voraussetzung für die richtungweisende Zügelhilfe.

Wenn zum Beispiel das Pferd eine Wendung nach rechts gehen soll, wird der rechte Gesäßknochen nach vorwärts-abwärts vorgeschoben. Dabei darf die Hüfte auf keinen Fall einknicken. Die Leiste muss immer schön gestreckt bleiben. Auch diese Hilfe ist die Voraussetzung für Schenkel- und Zügelhilfe.

Die vorwärts treibende Schenkelhilfe am Gurt.

Die vorwärts-seitwärts treibende Schenkelhilfe eine Handbreit hinter dem Gurt.

Entlastende Gewichtshilfe wird angewandt, wenn Rücken und Hinterhand entlastet werden sollen. Dabei bleibt das Gesäß im Sattel, aber der Reiter bringt mehr Gewicht auf die Oberschenkel und Knie. Der Oberkörper wird ganz leicht nach vorn geneigt. Beim Anreiten junger Pferde, beim Lösen vor der Reitstunde, bei leichten Steigungen im Gelände und bei den ersten Versuchen zum Rückwärtsrichten ist diese Hilfe angebracht.

Schenkelhilfen

Die vorwärts treibende Schenkelhilfe treibt das Pferd in allen Gangarten gleichmäßig vor. Dabei liegen die Schenkel des Reiters dicht hinter dem Gurt und treiben durch leichten Druck auf beiden Seiten das Pferd vorwärts.

Die vorwärts-seitwärts treibende Schenkelhilfe wird für die Seitengänge benötigt, aber auch beim Schenkelweichen, welches genau genommen nicht zu den Seitengängen gehört. Dabei liegt der Schenkel des Reiters eine Hand-

breit hinter dem Gurt. Knie und Absatz dürfen nicht hochgezogen werden. Die vorwärts-seitwärts treibende Schenkelhilfe unterstützt die einseitig belastende Gewichtshilfe.

Der verwahrende Schenkel wird immer als Gegenüber der vorwärts oder vorwärts-seitwärts treibenden Schenkelhilfe eingesetzt. Er verhindert das Ausweichen (Ausfallen) der Hinterhand. Der verwahrende Schenkel liegt fast genauso wie der seitwärts treibende Schenkel, nämlich eine Handbreit hinter dem Gurt, ist aber nicht so aktiv.

Zügelhilfen

Die Zügelhilfe wird niemals allein gegeben. Nur bei einem durchlässigen Pferd wirkt die Zügelhilfe vom Maul über das Genick, den Hals und Rücken bis zur Hinterhand. Das Pferd lässt die Hilfe durch, es ist durchlässig!

Bei der **annehmenden Zügelhilfe** wird für einen kurzen Moment die Faust fester geschlossen, oder die Fäuste werden ein wenig nach innen gedreht, sodass sich die Zügel etwas verkürzen (das geht bei verdeckten Fäusten nicht). Am Zügel ziehen ist verpönt!

Nach der annehmenden Zügelhilfe folgt immer eine *nachgebende Zügelhilfe* ! Dazu kommen die Fäuste zurück zur Grundhaltung, die Finger werden gelockert und die Zügelfäuste gehen etwas vor. Das heißt nicht, dass die Verbindung zum Pferdemaul völlig aufgegeben, der Zügel weggeworfen wird. Die Verbindung bleibt bei der nachgebenden Zügelhilfe erhalten!

Die *durchhaltende Zügelhilfe* wird eingesetzt, wenn das Pferd gegen die Hand oder über den Zügel geht. Die Faust steht in Grundhaltung fest geschlossen, das Kreuz ist angespannt und beide Schenkel treiben energisch vorwärts. Den Druck, der dann entsteht, hält man so lange aus, bis das Pferd nachgibt, sich also am Gebiss abstößt und leicht in der Hand wird. Diesen Moment darf man nicht verpassen, sofort wird die Reiterhand weich und der Sitz lockerer! Dadurch macht man dem Pferd klar, was man von ihm will.

Die *Stellung gebende Zügelhilfe* wird eingesetzt, wenn das Pferd auf einer gebogenen Linie gehen soll, zum Beispiel auf dem Zirkel. Die linke Zügelfaust wird dazu ein wenig eingedreht, so weit, dass der Reiter das linke Pferdeauge und den linken Nüsternrand schimmern sieht. Auf der rechten Hand ist es natürlich entsprechend. Die Stellung gebende Zügelhilfe geht immer zusammen mit der *verwahrenden Zügelhilfe*, die die Stellung oder Biegung des Pferdes begrenzt. Der verwahrende Zügel ist das Gegenstück zum Stellung gebenden Zügel. Diese Hilfe wird immer mit einseitig treibender Schenkelhilfe und einseitig belastender Gewichtshilfe zusammen gegeben.

Am langen Zügel geht ein Pferd, wenn der Reiter noch eine Verbindung zum Pferdemaul hat, das Pferd aber in natürlicher Haltung die Nase senkt und den Hals länger lässt.

Beim hingegebenen Zügel hat der Reiter nur noch die Schnalle der Zügel in der Hand. Es besteht keine Verbindung mehr zum Maul. Das Pferd geht mit tiefem Hals und vorwärts-abwärts gesenkter Nase.

Seitwärts weisende Zügelhilfen weisen besonders den jungen Remonten die Richtung in die Wendung. Auch beim Erlernen der Seitengänge ist diese Zügelhilfe sinnvoll.

Begleitet von der entsprechenden Gewichtshilfe führt man dazu die Hand etwas vom Pferdehals weg in die Richtung, in die das Pferd gehen soll. Wenn das Pferd die Hilfe angenommen hat, muss eine nachgebende Zügelhilfe folgen, weil die richtungweisende Hilfe ähnlich wie die annehmende Zügelhilfe auf das Pferd wirkt.

Zügelhilfen dürfen niemals allein gegeben werden! Nur mit den Zügeln kann man kein Nachgeben des Pferdes im Genick erzwingen.

Das Überstreichen sollte drei bis vier Sekunden dauern.

Überstreichen

Das Überstreichen ist ein Prüfstein für die Selbsthaltung des Pferdes und zeigt, ob das Pferd sicher an den Gewichts- und Schenkelhilfen des Reiters steht. Der Reiter schiebt dabei beide Zügelfäuste am Hals entlang nach vorn für ungefähr zwei bis drei Pferdelängen. Dann werden die Hände wieder weich in die Ausgangshaltung zurückgenommen. Auch diese Übung kann in allen Gangarten vorgenommen werden.

Halbe Paraden

Zur halben Parade werden alle Hilfen (Gewichts-, Schenkel- und Zügelhilfen) gleichzeitig eingesetzt. Der Reiter sitzt schwerer ein (belastende Gewichtshilfe), stellt das Kreuz mehr an, treibt mit beiden Schenkeln vor und verhindert mit durchhaltender oder annehmender Zügelhilfe ein Vorwärtsstürmen des Pferdes. Er schiebt also sein Pferd ein wenig von hinten nach vorn zusammen. Danach erfolgt gleich ein Nachgeben.

Eine halbe Parade ist kein einmaliger Vorgang, sondern erfolgt im Rhythmus der Bewegung. Sie wird benutzt,
- *um Übergänge von einer zur anderen Gangart zu reiten,*
- *um das Gangmaß innerhalb einer Gangart zu regulieren,*
- *als Vorbereitung zu jeder Lektion zum Aufmerksam-Machen des Pferdes*
- *um die Anlehnung zu erreichen, zu erhalten, zu verbessern und später das Pferd in die Versammlung zu bringen,*
- *um das Pferd insgesamt richtig zu reiten.*

Die halben Paraden werden aus dem korrekten, ausbalancierten Sitz heraus wie kurze Impulse gegeben.

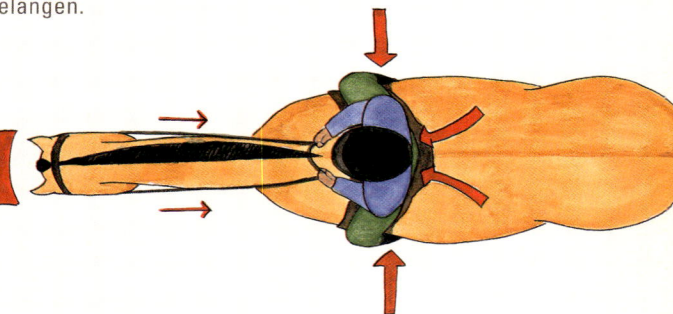

Ganze Paraden

Die ganze Parade wird nur auf der geraden Linie gegeben und kann grundsätzlich aus allen Gangarten erfolgen, am Anfang aber nur aus dem Schritt oder Trab heraus. Die ganze Parade führt immer zum Halten! Durch vermehrtes Treiben mit Gewicht und Schenkel tritt das Pferd an die durchhaltende Hand heran. Es sollte sich am Gebiss abstoßen. Bevor das Pferd zum Stehen kommt, muss die Reiterhand leicht werden und etwas nachgeben. Das junge Pferd braucht den Hals als Balancierstange, um ruhig und geschlossen in Selbsthaltung stehen zu bleiben. Hin- und Hertreten, breitbeiniges Stehen oder Kopfschlagen sind grob fehlerhaft. Letzteres verrät die unnachgiebige, harte Reiterfaust.

Bei der ganzen Parade das Vorgehen mit der Hand nicht vergessen!

Gerade richten

Sind die meisten Menschen Rechtshänder, so sind die meisten Pferde Rechtsfüßler. Der rechte Hinterfuß ist kräftiger als der linke. Die meisten Pferde brechen nach links aus, wenn sie ein „Gespenst" sehen, und die „Gespenster" werden auch meistens auf der rechten Seite wahrgenommen.

Vielen jungen Pferden fällt die Wendung (nicht die Biegung!) nach links leichter, denn der kräftige rechte Hinterfuß dient vorerst als Stütze, also beginnt man an der Longe und in der ersten Lösungsphase vor einer Trainingsstunde gescheiterweise mit der linken Hand. Voltigieren und Zirkusdarbietungen finden aus diesem Grunde auch auf der linken Hand statt.

In den ersten Monaten der Ausbildung muss man mit der natürlichen Schiefe leben. Bevor das Pferd nicht an den Hilfen steht, gibt es gar keine Möglichkeit, es gerade zu richten, ohne Verspannung und Widerstand auszulösen. Die meisten Pferde machen sich auf der rechten Seite hohl. Viele Reiter meinen dann, es sei die

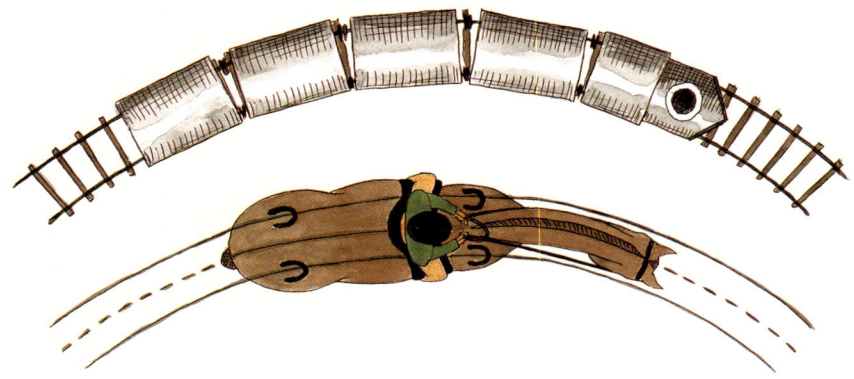

Das Pferd ist mit seiner Längsachse der Hufschlaglinie angepasst, es geht wie auf Eisenbahnschienen: die Hinterhufe treten genau in die Spur der Vorderhufe.

gute Seite. Tatsächlich ist das aber die schwierige Seite, weil das Pferd die Muskeln auf der rechten Seite festhält. Die Folge ist, dass es sich auf die linke Schulter legt und den rechten Zügel nicht annimmt. Ein Pferd ist gerade gerichtet, wenn Hinter- und Vorhand auf einer Spur gehen, auch auf gebogener Linie.

Man kann sehr gut überprüfen, ob das Pferd hufschlagdeckend geht, wenn man auf einem frisch geharkten Platz reitet: die Spur verrät, wo es noch hapert! Nur wenn ein Pferd spurtreu geht, kann die Schubkraft der Hinterhand voll in Richtung des Schwerpunktes wirken. Das Pferd gerade richten heißt auch, seine Balance zu verbessern, weil beide Körperhälften gleichmäßig belastet werden. Das schont besonders die Beine.

Die gerade richtende Arbeit beginnt, sobald das Pferd an den Hilfen steht, sollte im Rahmen der Klasse L nicht mehr sichtbar sein, hört aber bis in die höchsten Klassen nie auf!

Wie wird Geraderichtung erreicht?

Grundsätzlich gilt: die Vorhand wird immer auf die Hinterhand eingestellt! Als Erstes bieten sich das Reiten auf dem Zirkel, einfache Schlangenlinien, Schlangenlinien durch die ganze Bahn und große Volten an. Ganz wichtig ist es, dass diese Hufschlagfiguren immer ganz präzise geritten werden! Sonst verfehlen sie ihre gymnastische Wirkung. Es sollte häufig die Hand gewechselt werden. Man hüte sich davor, ein Pferd zu lange auf der „schlechten" Hand zu arbeiten. Das Pferd wird dadurch überfordert – Muskelkater und Unlust bis zur Widersetzlichkeit sind die Folge. Also immer wieder die Losgelassenheit und den Takt von der „guten" zur „schlechten" Seite mitnehmen. Viele Übergänge von einer zur anderen und auch innerhalb einer Gangart sind hilfreich, weil sie richtiges Treiben in Verbindung mit weicher Anlehnung fördern.

Schlangenlinien

Schlangenlinien durch die Bahn werden anfangs mit drei oder vier Bögen verlangt, später können es fünf Bögen werden. Die Schlangenlinien beginnen und enden Mitte der kurzen Seiten. Man beginnt also zum Beispiel eine

Schlangenlinie mit drei Bögen bei A mit einer halben Volte, rundet die Ecke also ab, stellt das Pferd gerade, reitet ein Stück geradeaus, stellt das Pferd um, greift dabei die Zügel nach, reitet den folgenden Halbbogen auf der anderen Hand und berührt dabei den Hufschlag beim HB-Punkt. Es folgt wieder eine gerade Linie bis zum nächsten Bogen, der dann Mitte der kurzen Seite bei C endet. Die folgende Ecke muss dann wieder korrekt ausgeritten werden. Es kommt darauf an, dass das Pferd sich willig umstellen lässt und zwischen den Bögen geradeaus gestellt wird.

Schlangenlinien an der langen Seite sind schon ein wenig schwieriger: sie werden als einfache oder doppelte Schlangenlinien geritten. Bei der einfachen Schlangenlinie beträgt die größte Entfernung zum Hufschlag fünf Meter (in Höhe der HB-Punkte), also ein Viertel der Bahnbreite. Nach dem korrekten Durchreiten der Ecke wendet man am Wechselpunkt (und nicht erst am Zirkelpunkt) ab. Das Pferd ist nach innen gestellt und leicht gebogen. Nach circa zwei Pferdelängen wird das Pferd umgestellt, sodass der bisherige äußere Schenkel zum inneren wird. In Höhe des HB-Punktes ist mit fünf Metern der größte Abstand zum Hufschlag erreicht. Dort wird das Pferd zum Hufschlag zurückgeführt und etwa zwei Pferdelängen vor Erreichen des Hufschlages erneut umgestellt. Am Wechselpunkt ist der Hufschlag wieder erreicht, sodass eine korrekte Ecke folgen kann. Bei der doppelten Schlangenlinie geht alles etwas schneller. Der größte Abstand zum Hufschlag, der zwischen Wechsel- und HB-Punkt liegt, beträgt nur noch 2,50 Meter. Zwischen beiden Bögen berührt man den Hufschlag am HB-Punkt. Das Pferd muss also ziem-

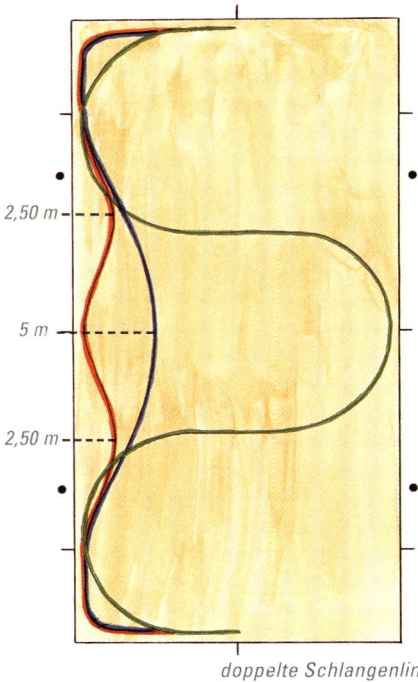

2,50 m

5 m

2,50 m

doppelte Schlangenlinie ——
einfache Schlangenlinie ——
Schlangenlinie durch die ganze Bahn ——

lich schnell bei jedem Richtungswechsel umgestellt und gebogen werden. Das erfordert vom Reiter eine absolut sichere Hilfengebung, und das Pferd muss locker und geschmeidig folgen. Jedes Ziehen und Zerren des Reiters und alles Klemmen des Pferdes wird sofort sichtbar. Doppelte Schlangenlinien sind also ein prima Prüfstein für den einfühlsamen, unabhängigen Sitz des Reiters und für die Losgelassenheit und Geschmeidigkeit des Pferdes.

Reiten von Wendungen

Das Wichtigste beim Reiten von Wendungen ist, dass sich die Vorder- und Hinterbeine des Pferdes auf einer Linie bewegen, auf einer Spur gleich einer Eisenbahnschiene. Das bedeutet, dass das Pferd eine Längsbiegung durch den ganzen Körper einnimmt (und nicht nur des Halses), die der Hufschlagfigur entspricht.

Ecken, Volten und Kehrtvolten

Die **Volte** fordert vom Pferd die stärkste Biegung. Ist die Volte kleiner als sechs Meter im Durchmesser, ist keine korrekte Biegung mehr möglich! Deshalb werden zu Beginn der Ausbildung nur Volten mit einem Durchmesser von zehn Metern gefordert. In der L-Dressur sind es nur noch acht Meter. Weil die Ecken in der Reitbahn ein Viertel einer Volte beschreiben, werden die Ecken zu Beginn der Ausbildung eines Pferdes auf ein Viertel einer Zehn-Meter-Volte abgerundet. Mit zunehmender Gymnastizierung wird tiefer in die Ecke hinein geritten. Die Volte ist kreisrund und endet genau an dem Punkt, an dem sie begonnen wurde. Das Pferd soll ohne Takt- und Schwungverlust genau in der Spur gehen. Die Hilfengebung ist die gleiche wie beim Durchreiten einer Ecke. Während der Volte ist es wichtig, mit Geduld und Feingefühl das Pferd durch die Volte zu führen. Ist der innere Zügel zu stramm, der innere Schenkel zu stark oder der äußere Schenkel zu schwach, wird das Pferd herumgezogen oder es fällt mit der Hinterhand aus.

Die **Kehrtvolte** und **Aus der Ecke kehrt** werden in der ersten Hälfte wie eine Volte geritten. Am Höhepunkt der Volte wird das Pferd jedoch geradeaus gestellt und auf gerader Linie in schräger Richtung auf den Hufschlag zurückgeführt.

Schenkelweichen

Eine wichtige und nützliche Übung zu Beginn der Dressurausbildung ist das Schenkelweichen. Später, wenn es um Schwungentfaltung und Versammlung geht, ist das Schenkelweichen nicht mehr ratsam, weil das Pferd aufgefordert wird, dem Schenkel auszuweichen, und die Vorhand nicht auf die Hinterhand eingestellt wird. Aber am Anfang der gerade richtenden Arbeit ist Schenkelweichen eine sehr lehrreiche Lektion für Reiter und Pferd! Sie schult das Gefühl für den richtigen Einsatz der Hilfen, besonders der diagonalen Hilfen.

Schenkelweichen soll die Durchlässigkeit des Pferdes fördern und es für die seitwärts treibenden Hilfen sensibilisieren. Durch das Schenkelweichen treibt man mit dem inneren Schenkel das Pferd vermehrt an den äußeren Zügel heran. Beim Schenkelweichen bewegt sich das Pferd mit geringer Stellung, aber ohne Biegung vorwärts-seitwärts auf zwei Hufschlägen, wobei es doppelt so viel vorwärts tritt wie es seitwärts geht. Dabei treten die inneren Vorder- und Hinterfüße gleichmäßig vor und über die äußeren. Die Stellung des Pferdes erfolgt immer zur Seite des treibenden Schenkels,

*a: Volte und *b: Ecke.*
*a: Kehrtvolte und *b: Aus der Ecke kehrt.*

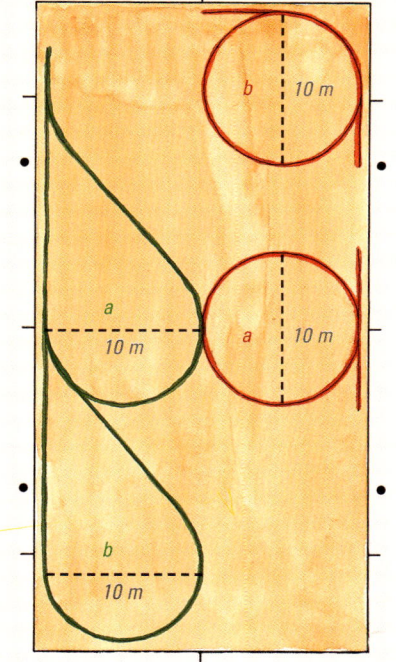

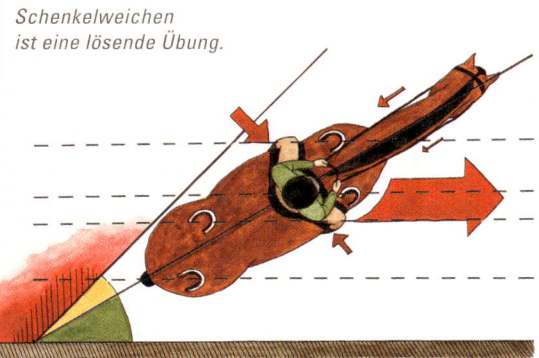

Schenkelweichen ist eine lösende Übung.

auch wenn der Schenkel der Bande zugewandt ist. Der Reiter sitzt mehr auf dem inneren Gesäßknochen, den er vorwärts-seitwärts belastet. Der innere Schenkel liegt etwas hinter dem Gurt und treibt vorwärts-seitwärts, während der äußere Schenkel verwahrend hinter dem Gurt liegt, um ein zu weites Herumtreten der Hinterhand zu verhindern. Außerdem sorgt er für die nötige Vorwärtsbewegung. Der innere Zügel gibt dem Pferd eine leichte Stellung und der äußere Zügel gibt zwar so viel nach, wie es die Stellung erfordert, begrenzt aber eine zu starke Abstellung des Halses und damit ein Ausfallen über die Schulter.

Die Stellung erfolgt zur Seite des treibenden Schenkels.

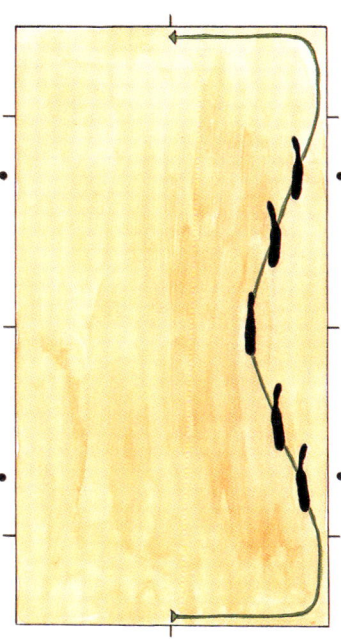

Korrektes Viereck-Verkleinern und -Vergrößern ist ein guter Prüfstein, ob das Pferd an den Hilfen steht. Diese Übung kommt in A-Dressuren vor!

Viereck verkleirern und vergrößern

Diese Übung wird in der Hilfengebung wie das Schenkelweichen geritten, nur dass das Pferd sich auf diagonalen Linien bewegt. Sie soll das Pferd gehorsam auf den vorwärts-seitwärts treibenden Schenkel und den führenden, begrenzenden äußeren Zügel machen.

Nach Durchreiten der ersten Ecke zur langen Seite stellt der Reiter sein Pferd am Wechselpunkt leicht nach außen und schiebt es mit dem neuen inneren Schenkel (vorher war er der äußere) vorwärts-seitwärts auf einer schrägen Linie in die Bahn hinein. Das Pferd soll dabei parallel zur Bande gerichtet sein. Die Hinterhand darf nicht weiter in die Bahn vortreten als die Vorhand. Das innere Hinterbein tritt in Richtung Schwerpunkt vor. In Höhe des HB-Punktes sind Reiter und Pferd fünf Meter von der Bande entfernt. Das Viereck ist verkleinert. Dort wird das Pferd gerade gerichtet, eine Pferdelänge geradeaus geritten, dann umgestellt und sinngemäß bis zum Wechselpunkt zurückgeritten, also wird das Viereck im Schenkelweichen wieder vergrößert. Danach folgt dann wieder die korrekte Ecke.

Beim Schenkelweichen sowie beim Viereck Verkleinern und Vergrößern können eine Menge Fehler gemacht werden, die diese Lektion wertlos werden lassen: der *Reiter* verspannt sich, verdreht den Körper und knickt in der Hüfte ein. Er belastet den inneren Gesäßknochen nicht korrekt nach vorwärts-abwärts und nimmt den inneren, treibenden Unterschenkel zu weit zurück. Er fühlt nicht, wann die treibende Hilfe kommen muss. Häufig liegt auch

der äußere Schenkel falsch und die Vorwärtsbewegung geht verloren. Meist zieht der Schüler dann am inneren Zügel – der Pferdehals wird zur Seite gezogen und das Pferd „flieht" über die äußere Schulter. Das Ganze endet im Chaos! Das *Pferd* verwirft sich im Genick oder im Hals. Es geht gegen das Gebiss oder knirscht mit den Zähnen, es verändert das Tempo und entzieht sich, indem es über die äußere Schulter ausfällt. Die Hinterbeine kreuzen nicht oder die Hinterhand weicht nach außen aus. Schenkelweichen sollte also nur geritten werden, wenn der Sitz und damit die sichere Hilfengebung des Reiters gefestigt ist und wenn das Pferd sicher an den Hilfen steht. Anderenfalls ist Schenkelweichen nicht nützlich, sondern sehr schädlich!

Balance

Ohne Reiter bewegt sich ein Pferd mühelos im Gleichgewicht. Mit dem Reiter auf seinem Rücken muss es jedoch seine Balance erst wieder finden. Die Voraussetzung der Balance nach den Seiten ist die Geraderichtung! Das gerade gerichtete Pferd, das sich mit unsichtbaren Hilfen mühelos biegen lässt und dabei „wie auf Schienen geht", ist nach beiden Seiten ausbalanciert. Man kann dies überprüfen, indem man die Zügel auf gerader und auf gebogener Linie in eine Hand nimmt. Die Anlehnung muss dabei erhalten bleiben und das Pferd muss weiter in der Spur bleiben. Früher war diese Übung Bestandteil jeder Dressurprüfung ab Klasse L. Es ist sehr schade, dass das abgeschafft wurde! Viele Reiter und Pferde würden

Es lohnt sich, häufiger die Zügel in eine Hand zu nehmen! Aber bitte locker bleiben! Diese Übung ist außerdem eine sehr gute Sitzschulung.

Pferdes gerichtet, um einen aufgewölbten, schwingenden Rücken zu erhalten. Das Pferd durfte sich vorwärts-abwärts dehnen, ohne dass man sich Sorgen machte, dass es mehr oder weniger auf die Vorhand kam. Die Hinterhand schob mehr, als dass sie trug. Jetzt ist es an der Zeit, die Hinterbeine weiter unter den Schwerpunkt treten zu lassen. Sie nehmen allmählich mehr Gewicht auf und die Vorhand wird entlastet. Das wird „relative Aufrichtung" genannt. Viele halbe Paraden vor korrekt ausgerittenen Ecken und ganze Paraden aus Trab und Galopp helfen dabei. Tempounterschiede innerhalb des Trabes und des Galopps schieben das Pferd von hinten nach vorn an das Gebiss.

Mitteltrab und Mittelgalopp

Die Verstärkungen aus dem Arbeitstempo heraus werden im Trab und Galopp im Prinzip auf die gleiche Weise und meist auf gerader Linie geritten. Man kann sie aber auch auf der Zirkellinie reiten, um den Vortritt des inneren Hinterfußes zu verbessern. Um an der langen Seite Mitteltrab oder -galopp zu reiten, nutzt man bereits beide Ecken der vorangegangenen kurzen Seite aus, um mit dem inneren Schenkel das Pferd zum vermehrten Untertreten zu veranlassen. Der äußere Schenkel verhindert ein Ausfallen der Hinterhand. Halbe Paraden „spannen" das Pferd.

Nach der ersten Ecke der langen Seite, die auszureiten ist, wird das Pferd gerade gerichtet, und beidseitig treibende Hilfen lassen den Schwung heraus, der an der kurzen Seite aufgebaut worden ist. Die Fäuste gehen ein wenig vor, sodass das Pferd in der Lage ist, die Nase etwas mehr vor die Senkrechte zu nehmen und

in höheren Klassen ein besseres Bild abgeben. Warum ein Pferd nach den Seiten ausbalanciert sein sollte, kann man sich am einfachsten vor Augen führen, wenn man es mit einem Fahrrad vergleicht. Auf einem gut ausbalancierten Fahrrad kann man mühelos freihändig fahren. Man braucht weder die Hände noch die Arme, um das Rad im Gleichgewicht zu halten. Ist das Fahrrad in sich nicht gerade, muss man die Arme als Balancierstange einsetzen und mit dem ganzen Oberkörper gegensteuern. Legt sich also ein Pferd permanent auf die linke Schulter, führt das dazu, dass der Reiter im linken Zügel hängt (bis der Arm schmerzt) oder, was häufig passiert, in der linken Hüfte einknickt. Während Fahrräder in der Werkstatt repariert werden können, hilft beim Pferd nur, mit viel Geduld und Ausdauer täglich neu all diejenigen Lektionen zu reiten, die die Geraderichtung und die Biegsamkeit nach beiden Seiten fördern.

Bisher war das Hauptaugenmerk auf Entspannung und Dehnung der Muskulatur des

Im Mitteltrab wird der Rahmen des Pferdes erweitert.

*Im versammelten Tempo ist
der Rahmen zusammengeschoben.*

Hilfen werden stärker, und mit kurzen annehmenden Zügelhilfen schiebt man sein Pferd zusammen, bis man das gewünschte Tempo (Arbeits- oder versammeltes Tempo in der L-Dressur) erreicht hat.

Beim Übergang vom Mittelgalopp zum Arbeits- oder versammelten Tempo muss man energisch genauso sitzen wie beim Angaloppieren, damit das Pferd nicht in den Trab ausfällt.

Zirkel verkleinern und vergrößern macht ebenfalls ein vermehrtes Untergreifen des inneren Hinterfußes nötig.

Springgymnastik, die anspruchsvoller sein darf als zu Beginn der Ausbildung, und Reiten im Gelände mit leichten Kletterabhängen fördern das Ausbalancieren des Pferdes sehr.

Das Ergebnis dieser Arbeit ist, wie schon gesagt wurde, die „relative Aufrichtung". Die Hinterhand nimmt mehr Last auf und die Vorhand wird leichter. Die Bewegungen werden erhabener, das Pferd scheint bergauf zu gehen. Es ist also das Resultat folgerichtiger, konsequenter Arbeit.

Wann sind Reiter und Pferd kandarenreif?

Der *Reiter* ist reif, mit Kandare zu reiten, wenn er in der Lage ist, alle Hilfen sicher zu koordinieren.

Das Wichtigste aber ist eine von der Bewegung des Körpers unabhängige, feinfühlige Hand. Der Reiter sollte die typischen Lektionen der Klasse L auf einem ausgebildeten Pferd auf Trense reiten können.

Das *Pferd* muss ganz sicher an das Trensengebiss herantreten, weich und leicht durchs Genick treten und selbstverständlich „an den

mit weiten Tritten oder Sprüngen aus der Hinterhand heraus nach vorn zu gehen. Es erweitert seinen Rahmen. Der Takt aus dem Arbeitstempo darf auf keinen Fall eiliger werden; er darf eher langsamer werden, weil die Schwebephase größer geworden ist. Um das Pferd in das Arbeitstempo zurückzuführen, gibt man zwei bis drei Pferdelängen vor dem verlangten Punkt mehrere halbe Paraden. Die treibenden

Hilfen stehen". Es sollte sicher den Anforderungen (beginnende Versammlung!) und Lektionen der Klasse L auf Trense genügen. Grundsätzlich wird ein Pferd auf Trense ausgebildet – bis in die höchsten Klassen. Es muss jederzeit möglich sein, von der Kandare auf die Trense umzustellen!

Wenn jemand behauptet: „Mein Pferd geht nur auf Kandare", kann man sicher sein, dass etwas in der Ausbildung nicht stimmt.

Man kann nichts mit Kandare erzwingen, was auf Trense nicht gekonnt wird!

Immer muss beim Reiten auf Kandare die Trense vorherrschen, das heißt, der Trensenzügel steht an und der Kandarenzügel federt. Wird der Kandarenzügel zu fest gehalten (die Kandare „klemmt"), verwirft sich das Pferd im Genick, was besonders in Wendungen deutlich wird. Trägt der Reiter die Hände zu hoch, macht sich das Pferd auf Grund der Hebelwirkung zu eng im Hals.

Geht das Pferd auf Kandare in korrekter Versammlung, so tritt es an das Kandarengebiss heran. Die Kandare wird dann nur zur vorübergehenden Feinabstimmung eingesetzt.

Mit der Kandare kann niemals eine „direkte" Versammlung erzwungen werden! Das führt immer zu einem weggedrückten Rücken und damit zu geringerer Lastaufnahme der Hinterhand.

Durchlässigkeit

Durchlässigkeit ist das Ergebnis aller bisher erarbeiteten Punkte des Trainingsbaumes! Sie bedeutet, dass eine ständige Verbindung zwischen Hinterhand und Reiterhand besteht, durch die Energie vor- und zurückfließen kann. Die Schubkraft der Hinterhand fließt über den Rücken in die Reiterhand und die Zügelhilfen werden zur Hinterhand durchgelassen. Da darf es weder Schwierigkeiten im Maul noch Blockaden im Genick-Halsbereich oder im Rücken geben. Das Pferd lässt alle Hilfen (Gewichts-, Schenkel- und Zügelhilfen) durch: es ist durchlässig.

Wie wird Durchlässigkeit gefördert?

Diese Fähigkeit wird gefördert durch immer feinere Abstimmung der halben und ganzen Paraden. Bei den Übergängen vom Galopp in den Trab und vom Trab in den Schritt wird nicht nur einfach abgebremst, sondern man schiebt die Hinterhand in der Parade an das Gebiss heran, man treibt also das Pferd vom Drei-Takt des Galopps in den Zwei-Takt des Trabes, vom Zwei-Takt des Trabes in den Vier-Takt des Schrittes. Das gilt genauso für die ganze Parade zum geschlossenen Halten. Das Pferd muss alle Hilfen ohne Verspannung durchlassen, um sicher ausbalanciert mit genügend untergeschobenen Hinterbeinen zum Halten zu kommen. Das Gewicht von Reiter und Pferd ist dann auf alle vier Beine gleichmäßig verteilt. Ein ausgezeichneter Prüfstein ist das Halten mit anschließendem Rückwärtsrichten. Kann man daraus locker und taktmäßig antraben oder angaloppieren, hat man eine gute Durchlässigkeit erreicht!

Schwung

Schwung und Durchlässigkeit sind voneinander abhängig.

Schwung ist die Übertragung des energischen Impulses aus der Hinterhand, der über den schwingenden Rücken die Vorwärtsbewegung des Pferdes beeinflusst. Schwung darf nicht mit Gang verwechselt werden! Gang meint nur die angeborene Möglichkeit des Pferdes, sich zu bewegen. Schwung ist dagegen das Ergebnis reiterlicher Ausbildungsarbeit. Man nutzt zwar den natürlichen Gang des Pferdes, sorgt

Das schwungvoll gehende Pferd schwingt im Rücken und lässt den Reiter gut sitzen. Es wird nicht eiliger.

aber dafür, dass Losgelassenheit, Schub aus der Hinterhand und Durchlässigkeit hinzukommen. Wie bei allen vorangegangenen Punkten des Trainingsbaumes sind auch hier der elastisch-geschmeidige Sitz und eine korrekte Hilfengebung des Reiters von größter Bedeutung. Voraussetzung für das Pferd ist, dass alle bisher erarbeiteten Stationen sicher und gefestigt sind.

Ein schwungvoll gehendes Pferd beugt die Sprunggelenke sofort nach dem Abfußen nach vorwärts (und nicht nach oben oder gar nach hinten). Der Reiter wird durch den Vorwärtsschub und den schwingenden Rücken quasi „in das Pferd hinein gezogen" und kommt dadurch zu einem tiefen Sitz. Die Trabverstärkungen bekommen mehr Raumgriff und die Galoppverstärkungen gewinnen mehr Boden. Die Aktion der Vorderbeine wird verbessert und die Schwebephase ausgeprägter.

Wie erarbeitet man den Schwung?

Erarbeitet wird der Schwung genau so wie die Durchlässigkeit. Ist das Pferd ausbalanciert und durchlässig, wird es auch schwungvoll gehen.

Vermehrtes, aber ruhiges Treiben zusammen mit einer elastischen, gefühlvollen Reiterhand, die den Vortritt der Hinterhand nicht behindert, fördert die Entwicklung des Schwunges.

Gibt es Taktstörungen, gespannte Tritte oder Sprünge, oder wird das Pferd eiliger und läuft davon, ist das fehlerhaft.

Auch wenn keine Rahmenerweiterung zu erreichen ist, das Pferd gar auf die Vorhand kommt oder sich ausbalancieren muss, indem es mit den Hinterfüßen breit tritt, ist in jedem Fall der Fehler in der bisherigen Grundausbildung zu suchen.

Versammlung

Die versammelten Gänge sind dem Pferd nicht
angeboren. Kein Pferd wird sich auf der Wei-
de über längere Strecken im versammelten
Trab bewegen. Beinahe jedes Pferd kann Dres-
surlektionen lernen, aber nicht jedes Pferd ist
ein Dressurpferd. Ob sich ein Pferd für die Versammlung eignet, hängt von seinem Körperbau
und seiner psychischen Veranlagung ab. Vom
Reiter wird also sehr viel Sachkenntnis, Können und Einfühlungsvermögen verlangt. Die
Perfektion der Versammlung ist nicht das Ziel
der Grundausbildung, sondern Thema der Dres-
surspezialisierung. Bis zur Klasse L ist (hof-
fentlich!) nur eine beginnende, sichtbare Versammlung gefordert.

„Relative Aufrichtung"

„Absolute Aufrichtung"

Unter Versammlung wird die Entwicklung der
Tragkraft verstanden. Der Schwerpunkt des
Pferdes wird mehr nach hinten verlagert, wobei
sich die Kruppe senkt. Dabei beugen sich die
Gelenke der Hinterhand mehr und tragen mehr
Last, während die Vorhand freier wird und sich
mehr aufrichtet. Der Rahmen wird kürzer und
das Pferd scheint bergauf zu gehen. Die Aufrichtung, die immer in Relation zur Absenkung
der Kruppe stehen muss, nennt man die „relative Aufrichtung".

Sie kann natürlich nur erreicht werden, wenn
alle vorangegangenen Punkte der Ausbildung
wirklich sitzen. Das Pferd muss auch in der Versammlung locker und mit schwingendem Rücken gehen. Die Reinheit der Gänge muss in
allen Tempi erhalten bleiben. Die Schritte, Tritte und Sprünge werden erhabener und kürzer,
sie zeigen mehr Kadenz. Reiter und Pferd zeigen
ein Bild der Harmonie. Durch eine Kandare kann

keine Versammlung erzwungen werden! Sie
dient ausschließlich der Feinabstimmung in der
Hilfengebung. Stimmen die Kriterien, die für
eine beginnende versammelnde Arbeit nötig
sind, (noch) nicht, nutzt auch eine Kandare
nichts - sie ist dann schädlich und führt zur
„absoluten Aufrichtung". Diese Art der Aufrichtung wird nur mit der Hand und dem Hebel-
gebiss erzwungen. Das Pferd trägt sich nicht
selbst, stattdessen werden Kopf und Hals in die
Höhe gezerrt, das Pferd drückt den Rücken weg
und die Hinterbeine treten nach hinten heraus.
Von Versammlung kann da nichts zu erkennen
sein!

Durchlässiges Rückwärtsrichten ist eine versammelnde Übung. Die Fußfolge gleicht der im Trab. Sofortiges Antraben aus dem Rückwärtsrichten erhöht die versammelnde Wirkung.

Sehr lange kann man die Spannung nicht halten, dann muss man loslassen!

Die beginnende Versammlung wird durch Tempounterschiede im Trab und Galopp erreicht, wobei Takt und Schwung beibehalten werden müssen. Ganze Paraden aus dem Trab, Rückwärtsrichten und Antraben vom Fleck sind gute Übungen. Häufiges Angaloppieren aus dem Schritt, Zirkel verkleinern und vergrößern und Acht-Meter-Volten im Galopp fördern ebenfalls die allmähliche Versammlung. Gelingen diese Übungen ohne Mühe, so ist eine gewisse Versammlung erreicht.

Jetzt festigen einfache Galoppwechsel, Hinterhand- und Kurzkehrtwendungen das Erreichte. Für den Außengalopp muss bereits eine gefestigte Versammlung bestehen.

Die versammelnde Arbeit ist für das Pferd sehr anstrengend! Deshalb darf man niemals zu lange in versammeltem Tempo reiten. Immer wieder muss nach einer Phase der Spannung eine Entspannung folgen. Es ist wie mit einer Spiralfeder: man kann sie nur eine Zeit lang mit den Händen zusammenpressen, dann muss man loslassen und die Feder schnellt auseinander. Also muss nach versammelnden Lektionen immer wieder der Schwung nach vorn herausgelassen werden, indem Mitteltrab oder -galopp geritten wird. Stellen sich dann Taktfehler ein, so weiß man, dass die Versammlung noch nicht korrekt war. Dann muss erneut an der Durchlässigkeit und am Schwung gearbeitet werden. Erst dann kann man wieder an Versammlung denken. Zu lange oder gar verbissen an der Versammlung zu arbeiten, führt unweigerlich zu Verspannungen und Blockaden. Versammlung lässt sich nicht erzwingen! Häufiges Zügel-aus-der-Hand-kauen-Lassen ist immer eine Belohnung nach einer Anstrengung.

Das ist eine Belohnung: der Rücken wölbt sich und der Hals senkt sich entspannt, bis die Nase mindestens die Höhe der Buggelenke erreicht hat.

Schlussbemerkung

Wenn man so weit gekommen ist, dass sich das Pferd voll Vertrauen zu seinem Reiter losgelassen, taktrein und schwungvoll in sicherer Anlehnung und in einer gewissen Versammlungsfähigkeit überall, das heißt im Gelände, über kleinen Sprüngen und auf dem Viereck bewegt, ist die Grundausbildung abgeschlossen.

Dieses Ziel zu erreichen dauert zwei bis zweieinhalb Jahre. Dieses Ausbildungsziel schneller erreichen zu wollen hieße, es auf Kosten der Gesundheit des Pferdes zu erzwingen. Es braucht seine Zeit, bis Muskeln aufgebaut werden und die psychische Bereitschaft des Pferdes zur Mitarbeit gefestigt ist.

Nach mindestens zwei Jahren einfühlsamer, konsequenter Arbeit ist das Pferd bereit für eine weitere Ausbildung in einer Spezialdisziplin, sei es Dressur, Springen oder Vielseitigkeit. In dieser Zeit hat sich bereits gezeigt, in welche Richtung die Veranlagung eines jungen Pferdes geht.

So manches Pferd wurde als Dressurhoffnung gekauft, entpuppte sich dann aber als kapitaler Springer. Doch die Grundausbildung müssen alle durchlaufen, wenn sie wirklich gute Leistung erbringen sollen.

Die ersten Punkte des Trainingsbaumes sind so wichtig, dass ohne sie nicht einmal das Spazierenreiten eine Freude für Reiter und Pferd wäre! Losgelassenheit, Takt, Ungebundenheit der Gänge und Anlehnung sind als Gewöhnungsphase die Basis jeglicher Betätigung im Sattel. Diese vier Punkte greifen so ineinander, dass man sie nicht trennen kann: sie bedingen einander. Kurd Albrecht v. Ziegner bezeichnet diese Elemente als Phase A.

So geht ein Pferd im Gelände, welches in den ersten vier Punkten der Ausbildung gefestigt ist ...

... und hier geht gar nichts!

Phase B greift in die Phase A hinein und baut darauf auf. Die Anlehnung muss vorhanden sein, damit das Pferd an die Hilfen gestellt werden kann. Nur dann kann es gerade gerichtet werden und sich immer mehr ausbalancieren.

Phase A: „Gewöhnungsphase".

Phase B: „An den Hilfen".

Phase C: „Versammlung".

man eine Reitstunde mit lösenden Übungen, bei denen sich Takt und Ungebundenheit der Gänge ergeben und das Pferd eine Anlehnung an die Reiterhand sucht. Bei Pferden, die die Grundausbildung abgeschlossen haben, ist das fast eine Einheit. Erst dann wird weitergearbeitet: sauber Punkt für Punkt.

Natürlich ist es nicht sinnvoll, jeden Tag „das ganze Programm" vom Pferd zu fordern; das Pferd, auch das gehfreudigste, würde bald die Lust verlieren. Der einfühlsame Reiter begnügt sich manchmal damit, nur im Rahmen der Phase A zu reiten. Vielleicht war der Tag vorher anstrengend für das Pferd? Vielleicht ist auch der Reiter nicht fit, dann ist es allemal besser, ein kleines Programm kurz und gut zu reiten, als ein großes lange und schlecht.

Ein Spazierritt, wenn Wetter und Bodenverhältnisse es erlauben, oder nur gut longieren oder frei springen lassen tun dann Wunder.

Ein Reiter, der sich daran wagt, ein Pferd auszubilden, wird sein Pferd lieben. Es sollte ihm ein Bedürfnis sein, seinen Kameraden lange gesund zu erhalten, um eine lange und schöne Zeit mit ihm zu verbringen, und ihn nicht vorzeitig zu verschleißen.

„Ich liebe mein Pferd und werde viel Zeit und Geduld aufbringen, um es richtig auszubilden. Für fachkundigen Rat und Hilfe wäre ich dankbar!"

Phase C wiederum hat als Grundlage das ausbalancierte Pferd, mit dem an der Durchlässigkeit gearbeitet wird, die dann gleichzeitig eine Schwungentwicklung zur Folge hat. Aus dem Schwung heraus kommt man allmählich zur versammelnden Arbeit.

Jeden Tag durchläuft man im Kleinen die Punkte des Trainingsbaumes. Natürlich beginnt